AF283533

Calidad del Aire Interior
Apuntes para arquitectos

Robiel Manzueta
Sara Dorregaray-Oyaregui
César Martín-Gómez
Amaia Zuazua-Ros

EDICIONES UNIVERSIDAD DE NAVARRA, S.A.
PAMPLONA

© 2025. Robiel Manzueta, Sara Dorregaray-Oyaregui, César Martín-Gómez y Amaia Zuazua-Ros
Ediciones Universidad de Navarra, S.A. (EUNSA)
Campus Universitario • Universidad de Navarra • 31009 Pamplona • España
+34 948 25 68 50 • www.eunsa.es • eunsa@eunsa.es

ISBN 978-84-313-4048-3
DL NA 1294-2025

Queda prohibida, salvo excepción prevista en la ley, cualquier forma de reproducción, distribución, comunicación pública y transformación, total o parcial, de esta obra sin contar con autorización escrita de los titulares del Copyright. La infracción de los derechos mencionados puede ser constitutiva de delito contra la propiedad intelectual (Artículos 270 y ss. del Código Penal).

Printed in Spain – Impreso en España por Podiprint

Cupón para la Biblioteca Virtual

Accede a la versión eBook de este título por solo **1,99 €**. Con la compra de este libro puedes utilizar el siguiente cupón para la lectura en *streaming** desde la Biblioteca Virtual. **Sigue estas instrucciones** para visualizar tu libro:

1. Dirígete a la web de la Biblioteca Virtual **https://ebooks.eunsa.es/library**.

2. En la web ve a **Iniciar sesión** e introduce tu email y contraseña. Si no estás registrado, deberás completar el proceso en **Registrarse**.

3. Tras registrarte, accede a la página del libro o lee el QR de esta página. Bajo el precio podrás **insertar el código oculto en el siguiente cupón** para activar la promoción.

Despegue para visualizar

Acceso directo al eBook

No se admitirá la devolución del libro si el código promocional ha sido manipulado.

Canjéalo en ebooks.eunsa.es

*Con acceso a internet desde cualquier navegador.

Colección: Apuntes

Índice

Introducción

La Calidad del Aire Interior (CAI) se refiere a la calidad del aire en un hogar, escuela, oficina u otro edificio, especialmente en lo que respecta a la salud y la comodidad de sus ocupantes[1]. Los efectos de los contaminantes del aire interior sobre la salud pueden sentirse durante y después de la exposición o incluso años más tarde, y su gravedad depende de los tipos y niveles de contaminantes presentes en el aire interior. Algunos de los efectos más comunes sobre la salud son tos, dificultad para respirar, estornudos, congestión nasal, picor de ojos y erupciones cutáneas[2].

En España, el Código Técnico de la Edificación (CTE) regula, a través de la Sección 3 del Documento Básico de Salubridad, la calidad del aire interior en viviendas, almacenes de residuos y trasteros, en aparcamientos y garajes en edificios de cualquier uso. Para el resto de los usos es necesario consultar el Reglamento de Instalaciones Térmicas en Edificios (RITE).

El CTE caracteriza y cuantifica unas exigencias mínimas para garantizar la calidad del aire interior. Dichas exigencias consisten en el cumplimiento de unos valores mínimos de caudal de renovación del aire, en función del uso del espacio, así como unas condiciones generales de diseño, dimensionado y construcción para los sistemas de ventilación[3].

El RITE en cambio regula la CAI con relación a las instalaciones térmicas. Para ello indica que "las instalaciones térmicas permitirán mantener los parámetros que defi-

1. USEAPA EPA 2024. Indoor Air Quality. <https://www.epa.gov/report-environment/indoor-air-quality#importance>. Acceso: 16 febrero 2025.
2. USEPA EPA 2024. Smog, Soot, and Other Air Pollution from Transportation. <https://www.epa.gov/transportation-air-pollution-and-climate-change/smog-soot-and-other-air-pollution-transportation>. Acceso: 16 febrero 2025.
3. Código Técnico de la Edificación CTE, Ministerio de Fomento 2023.

nen el ambiente interior aceptable, eliminando los contaminantes que se produzcan de forma habitual durante el uso normal del edificio, aportando un caudal suficiente del aire exterior y garantizando la extracción y expulsión del aire viciado"[4].

Internacionalmente existen diferentes normas con relación a la calidad de aire interior, limitando también la exposición a algunos contaminantes, en viviendas o lugares de trabajo (Figura 1).

Normas ACGIH
Conferencia Americana de Higienistas Industriales Gubernamentales (ACGIH) • Establece limites para la calidad del aire interior en el lugar de trabajo, al igual que para la exposición al formaldehído y la exposición pasiva al humo de tabaco.
Normas ASHRAE
Sociedad Estadounidense de Ingenieros de Calefacción, Refrigeración y Aire Acondicionado (ASHRAE) • Establece estandares para la calidad del aire interior en edificios. El objetivo de este estándar es especificar las tasas mínimas de ventilación y otras medidas para suministrar una calidad de aire interior, que sea adecuada para la ocupación humana y minimice los efectos negativos sobre la salud.
Normas EPA
Agencia de Protección Ambiental de los Estados Unidos (EPA) • Establece limites para los niveles de contaminantes que interactuan en la calidad del aire interior, tambien para contaminantes como el radón y el plomo.
Normas ISO
Organización Internacional de Normalización (ISO) • ISO 16000: Establece los procedimientos para la medición de la calidad del aire interior, incluyendo la selección de parámetros de medición, la toma de muestras y el análisis de las muestras. • ISO 16814: Establece los requisitos para el diseño y la operación de sistemas de ventilación y climatización en edificios, incluyendo la calidad del aire interior.
Normas OSHA
Administración de Seguridad y Salud Ocupacional (OSHA) • Establece limites para la calidad del aire interior en el lugar de trabajo, la exposición al monóxido de carbono y la exposición al dióxido de carbono.

Figura 1. *Resumen de cinco normas internacionales relacionadas con calidad del aire.*

---

4. Reglamento de Instalaciones Térmicas en los Edificios RITE 2007. Real Decreto 1027/2007.

El aire interior puede estar hasta cinco veces más contaminado que el aire exterior[5], especialmente en edificios herméticos y con ventilación limitada, lo que favorece la acumulación de agentes nocivos como partículas en suspensión (PM), compuestos orgánicos volátiles (COV), dióxido de carbono (CO_2) y contaminantes biológicos.

Las concentraciones de contaminantes exteriores aumentan y disminuyen constantemente debido a los cambios en el tiempo, el clima y la actividad humana. Por ejemplo, las concentraciones aumentan rápidamente por las mañanas durante las horas pico de tráfico, pero disminuyen una vez que el tráfico se reduce. El viento disipa el aire del exceso de contaminantes dispersándolos en las corrientes de viento.

Pero los contaminantes del aire interior no siempre están expuestos a procesos similares para minimizar sus concentraciones. La ventilación puede traer aire fresco del exterior para diluir los contaminantes interiores, pero también puede introducir más contaminantes procedentes del aire exterior contaminado.

Los contaminantes del aire exterior se infiltran en el aire interior de maneras que pueden no ser inmediatamente obvias; como a través de grietas en paredes, puertas y selladores de ventanas.

La Organización Mundial de la Salud OMS y la Unión Europea han establecidos directrices sobre los límites de concentraciones aceptables de diferentes contaminantes. La Tabla 1 muestra un resumen de estas normativas.

Tabla 1. Recomendaciones y/o normas sobre Calidad del Aire.

	Organización Mundial de la Salud WHO[6] Normativas Globales sobre Calidad del Aire	Unión Europea UE[7] Directiva sobre Calidad del Aire Ambiente
CO	4 mg/m³ 24-hora media	10 mg/m³ 8-hora media
CO_2	550 ppm sobre el nivel exterior	
NO_2	10 µg/m³ media anual 25 µg/m³ 24-hora media 200 µg/m³ media horaria	40 µg/m³ media anual - 200 µg/m³ media horaria

5. USEPA EPA 2021 Indoor air quality. Report on the Environment. <https://www.epa.gov/report-environment/ indoor-air-quality>. Acceso: 19 febrero 2025.
6. WHO World Health Organization. 2021. WHO Global Air Quality Guidelines.
7. European Parliament. 2008. Directive 2008/50/EC of the European Parliament and of the Council of 21 May 2008 on Ambient Air Quality and Cleaner Air for Europe.

	Organización Mundial de la Salud WHO[6] Normativas Globales sobre Calidad del Aire	Unión Europea UE[7] Directiva sobre Calidad del Aire Ambiente
$PM_{2.5}$	5 µg/m³ media anual 15 µg/m³ 24-hora media	25 µg/m³ media anual -
PM_{10}	15 µg/m³ media anual 45 µg/m³ 24-hora media	40 µg/m³ media anual 50 µg/m³ 24-hora media
VOC	TVOC <1000 µg/m³ para edificios poco contaminados	

Fuentes de contaminación del Aire Interior

Fuentes biogenéticas

Estas son emitidas por fuentes naturales. Entre ellas se incluyen las erupciones volcánicas, los incendios forestales o de vegetación natural, las descomposiciones orgánicas e inorgánicas, las descomposiciones vegetativas, las reacciones fotoquímicas, los restos del suelo, etc[8].

Fuentes antropogénicas

Son emitidas por actividades humanas. Entre ellas se incluyen actividades humanas como industrias, fábricas, centros urbanos, aviones, experimentos nucleares, automóviles, agricultura, quema doméstica de madera y de combustibles fósiles, deforestación, minería, plantas de tratamiento de residuos y centrales eléctricas[9].

Los contaminantes emitidos por estas fuentes se pueden clasificar según su estado en:

- Gaseoso

  Estos contaminantes existen en estado gaseoso a temperatura y presión normales. Son el dióxido de carbono, el dióxido de nitrógeno, los óxidos de azufre, etc.

---

8. USEPA EPA 2024. Acerca de los contaminantes del aire en interiores y sus fuentes. <https://espanol.epa.gov/cai/acerca-de-los-contaminantes-del-aire-en-interiores-y-sus-fuentes>. Acceso: 15 febrero 2025.
9. Ídem.

- **Líquido**

  Muchos contaminantes se encuentran en las nubes y nieblas en estado acuoso. Tanto las especies inorgánicas como las orgánicas se disuelven en el agua y se transportan lejos de sus fuentes de emisión.

- **Sólido (partículas o aerosoles)**

  Son gotas en suspensión, partículas sólidas o mezclas de ambas.

La Ley de Aire Limpio (Clean Air Act, Estados Unidos, 1970) marcó un inicio en la regulación de las emisiones atmosféricas procedentes de diferentes fuentes. Esta ley autorizo a la EPA a establecer normas de calidad del aire para proteger la salud y regular las emisiones de contaminantes atmosféricos peligrosos. Gracias a esta se identificaron los denominados contaminantes críticos y contaminantes tóxicos.

Contaminantes críticos

1. Dióxido de nitrógeno (NO_2)

Los óxidos de nitrógeno son compuestos procedentes de una mezcla de oxígeno y nitrógeno y pueden provocar lluvias ácidas y la oxidación de ciertos materiales. Se considera un gas de efecto invernadero que contribuye al cambio climático.

2. Dióxido de sulfuro (SO_2)

Es un gas incoloro y no inflamable, de olor fuerte e irritante. Su vida media en la atmósfera es de unos 2 a 4 días. Más de la mitad de las emisiones que llegan a la atmósfera se producen por actividades humanas, sobre todo por la combustión de carbón, petróleo y por la industria metalúrgica.

3. Material particulado (PM)

También llamadas partículas en suspensión son el término usado para una mezcla de partículas sólidas y gotas líquidas que se encuentran en el aire. Algunas partículas, como el polvo, la suciedad, el hollín, o el humo, son lo suficientemente grandes y oscuras como para verlas a simple vista. Otras son tan pequeñas que solo pueden detectarse mediante el uso de un microscopio.

4. Monóxido de carbono (CO)

Es incoloro, inodoro y, a niveles elevados de concentración, un gas altamente tóxico emitido como producto de la combustión incompleta de combustibles a base de hidrocarburos. Su origen más frecuente es la falta de oxígeno en motores, aparatos de combustión, cigarrillos, calefactores u otros aparatos, debido a limitaciones de diseño, ajustes inadecuados o uso incorrecto.

5. Ozono (O_3)

El ozono es un gas incoloro que se encuentra en el aire que respiramos. El ozono nocivo se encuentra al nivel del suelo. Se forma cuando los contaminantes de los automóviles, las fábricas y otras fuentes reaccionan químicamente con la luz del sol siendo el principal componente de la niebla tóxica (smog).

6. Plomo (Pb)

Es un metal pesado, de baja temperatura de fusión, de color gris-azulado. Normalmente se encuentra combinado con otros elementos formando compuestos de plomo. Los compuestos de plomo se usan como pigmentos en pinturas, en barnices para cerámicas y en materiales de relleno. La cantidad de plomo que se usa en estos productos se ha reducido a través de los años para minimizar los efectos nocivos del plomo sobre seres humanos y animales.

Contaminantes tóxicos

Son aquellos contaminantes de los que se sabe o se sospecha que causan efectos graves para la salud o efectos medioambientales adversos.

Algunos ejemplos de contaminantes tóxicos son:

- Benceno, que se encuentra en la gasolina.
- Percloroetileno, que emiten algunas tintorerías.
- Cloruro de metileno, que se utiliza como disolvente y decapante en varias industrias.

La principal causa de los problemas en la CAI son las fuentes de contaminación que liberan gases o partículas en el aire. Además, si a esto se le suma una ventilación inadecuada puede aumentar los niveles de contaminantes en los espacios cerrados al no permitir que ingrese la cantidad suficiente de aire del exterior para diluir las emisiones de las fuentes internas. Los altos niveles de temperatura y humedad también pueden aumentar la concentración de algunos contaminantes. Estas concentraciones pueden permanecer en el aire durante períodos prolongados después de algunas actividades.

Algunas de las fuentes de contaminación del aire interior que podemos encontrar en las viviendas son:

- Aparatos de combustión. Por ejemplo, cocina de gas.

- Productos derivados del tabaco.

- Mobiliarios y materiales de construcción, por ejemplo: Aislamiento deteriorado que contenga amianto. Alfombras, tapizados o pisos recién instalados.

- Muebles hechos con determinados productos de madera prensada y de diferentes plásticos.

- Productos para la limpieza y el mantenimiento del hogar, o de cuidado personal. Por ejemplo, amoniaco, perfumes, velas.

Calidad del Aire Interior y su relación con los Sistemas de Acondicionamiento Higrotérmico

En la actualidad las personas pasamos más de tres cuartas partes del tiempo en espacios cerrados por lo que es de suma importancia cuidar la CAI de los edificios que habitamos. Para esto debemos garantizar un caudal de ventilación suficiente, en función del volumen del recinto y de la ocupación, asegurando una correcta renovación del aire. Los sistemas de acondicionamiento higrotérmicos son los responsables de generar el efecto barrido necesario para expulsar el aire viciado aportando, a su vez, un aire fresco, limpio y libre de contaminantes.

El Código Técnico de Edificación de España CTE-HS-3 en relación a la calidad del aire interior para edificios establece que: "Los edificios dispondrán de medios para que sus recintos se puedan ventilar adecuadamente, eliminando los contaminantes que se produzcan de forma habitual durante el uso normal de los edificios, de forma que se aporte un caudal suficiente de aire exterior y se garantice la extracción y expulsión del aire viciado por los contaminantes"[10].

El Reglamento de Instalaciones Térmicas en los Edificios RITE también de España, establece que es necesario la presencia de un sistema de ventilación en los locales donde se lleve a cabo actividad humana. Este sistema de ventilación debe aportar el caudal suficiente para evitar las concentraciones de contaminantes[11].

---

10. Código Técnico de la Edificación CTE, Ministerio de Fomento 2023.
11. Reglamento de Instalaciones Térmicas en los Edificios RITE 2007. Real Decreto 1027/2007.

El Código Técnico de Edificación CTE clasifica los sistemas de ventilación del siguiente modo:

Ventilación de aseos

Los sistemas de tuberías de desagüe y de ventilación del edificio funcionan simultáneamente, si no disponen de ventilación generan problemas de olores y por ende de contaminación. Las tuberías de desagüe transportan los residuos fuera del edificio hasta el sistema de alcantarillado. Estas tuberías necesitan tener suministro de aire fresco para asegurar el movimiento de agua mediante el mantenimiento de la presión atmosférica adecuada en el sistema de agua[12].

Ventilación de viviendas

Esta suministra aire fresco y limpio o depurado a un espacio interior para reducir la exposición a contaminantes peligrosos mediante su eliminación. El CTE-H-S3 establece que dichos edificios dispondrán de los medios necesarios para ventilar adecuadamente sus espacios interiores, eliminando los contaminantes que se producen regularmente durante el uso cotidiano, de forma que se pueda disponer de un caudal suficiente de aire exterior[13].

Ventilación de garajes

En los garajes debe disponerse un sistema de ventilación que puede ser natural o mecánica[14]. El CTE-HS-3 señala que en caso de ventilación natural "deben disponerse aberturas mixtas al menos en dos zonas opuestas de la fachada de tal forma que su reparto sea uniforme y que la distancia a lo largo del recorrido mínimo libre de obstáculos entre cualquier punto del local y la abertura más próxima a él sea como máximo igual a 25 m". Y en caso de ventilación mecánica "La ventilación debe ser para uso exclusivo del aparcamiento, salvo cuando los trasteros estén situados en el propio recinto del aparcamiento, en cuyo caso la ventilación puede ser conjunta, respetando en todo caso la posible compartimentación de los trasteros como zona de riesgo especial, conforme al SI 1-2".

---

12. Código Técnico de la Edificación CTE. Documento Básico HS Salubridad. HS 3 Calidad del aire interior. Ministerio de Fomento 2023.
13. Ídem.
14. Ídem.

Los sistemas de ventilación mecánica suelen instalarse en garajes grandes y cerrados para proporcionar el aire fresco necesario para eliminar los contaminantes del aire. Para que esto se cumpla el CTE-HS-3 indica que las aberturas de ventilación deben disponerse de las siguientes maneras:

1. Que exista una abertura de admisión y otra de extracción por cada 100 m² de superficie útil.

2. Que la separación entre aberturas de extracción más próximas sea menor que 10 m.

Conductos de extracción de cocinas

Después del dormitorio, la cocina es probablemente la zona interior donde más tiempo se pasa. La CAI en una cocina está influenciada por muchos factores, desde el método de preparación de los alimentos y los ingredientes utilizados, el estilo de cocción, la temperatura del proceso de cocción, el volumen de la habitación y el número de personas que utilizan el espacio. En la zona de cocción de las cocinas debe disponerse un sistema que permita extraer los contaminantes que se producen durante su uso, de forma independiente a la ventilación general de los locales habitables[15].

---

15. Código Técnico de la Edificación CTE. Documento Básico HS Salubridad. HS 3 Calidad del aire interior. Ministerio de Fomento 2023.

Impactos de una Calidad del
Aire Interior deficiente

Las personas con enfermedades respiratorias preexistentes, como el asma, pueden experimentar un empeoramiento de los síntomas cuando se exponen a una CAI deficiente. La exposición prolongada a determinados contaminantes de interior, como el radón y ciertos COV, también se ha asociado a un mayor riesgo de desarrollar cáncer. A continuación, se mencionan algunos de los impactos en la salud, según el tipo de contaminante al que se está expuesto.

Compuestos orgánicos volátiles (COV)

Como el formaldehído y el humo del tabaco, pueden causar irritación de ojos, nariz y garganta. Los síntomas pueden incluir ojos llorosos, dolor de garganta y congestión nasal. En altos niveles puede contribuir a dolores de cabeza, mareos y fatiga. Las concentraciones de muchos COV son sistemáticamente más altas en interiores (hasta diez veces más) que en exteriores.

Estos son emitidos por una amplia gama de productos, que se utilizan ampliamente como ingredientes de productos domésticos. Pinturas, barnices y ceras, al igual que muchos productos de limpieza, desinfección, cosméticos, y desengrasantes. Todos estos productos pueden liberar COV mientras se utilizan y, en cierta medida, cuando se almacenan.

Dióxido de azufre (SO_2)

Es un precursor del ácido sulfúrico, un componente de las partículas de aerosol que afecta al clima global y a la capa de ozono. Como el SO_2 es soluble en agua, se absorbe en las mucosas de la nariz y de las vías respiratorias. Este irrita el revestimiento de la nariz, la garganta y los pulmones y puede empeorar las enfermedades respiratorias existentes, especialmente el asma. También se ha observado que agrava las enfermedades cardiovasculares.

Los efectos sobre la salud más relevantes de la exposición al SO_2 son:

1. Estrechamiento de las vías respiratorias que provoca: sibilancias, opresión en el pecho y dificultad para respirar.

2. Ataques de asma más frecuentes en personas con problemas respiratorios.

3. Empeoramiento de enfermedades cardiovasculares.

Dióxido de nitrógeno (NO_2)

La principal fuente de NO_2 resulta de las actividades humanas es la combustión de combustibles fósiles (carbón, gas y petróleo). Las fuentes naturales de otros óxidos de nitrógeno incluyen los volcanes, la combustión de biomasa, y las bacterias.

Los principales efectos para la salud de la exposición al NO_2 son:

1. Mayor susceptibilidad a las infecciones pulmonares en personas asmáticas.

2. Empeoramiento de los síntomas del asma.

3. Inflamación de las vías respiratorias en personas sanas.

Monóxido de carbono (CO)

Los niveles de monóxido de carbono suelen ser más altos cuando hace frío. El CO puede causar efectos nocivos para la salud al reducir la cantidad de oxígeno que llega a los órganos del cuerpo como el corazón y el cerebro.

A niveles extremadamente altos (> 1.000 ppm) puede causar la muerte (intoxicación por monóxido de carbono). Otros posibles efectos sobre la salud de la exposición son:

1. Síntomas parecidos a los de la gripe, como dolores de cabeza, mareos, desorientación, náuseas y fatiga.

2. Dolor torácico en personas con cardiopatías coronarias.

3. A mayor concentración: alteraciones de la visión y la coordinación, mareos y confusión.

Partículas en suspensión (PM)

La exposición prolongada a la contaminación del aire interior, en particular a las partículas finas ($PM_{2.5}$), se ha relacionado con problemas cardiovasculares, incluido un mayor riesgo de infartos de miocardio y accidentes cerebrovasculares.

Las partículas menores a 10 micrómetros de diámetro generan los mayores problemas. Estos pueden llegar a la profundidad de los pulmones, y algunas hasta pueden alcanzar el torrente sanguíneo.

La exposición a altos niveles de partículas en suspensión incluye efectos a la salud, como pueden ser:

1. Función pulmonar reducida y síntomas respiratorios aumentados, como irritación en las vías respiratorias, tos, flema o dificultad para respirar.
2. Irritación de ojos, nariz, faringe y garganta.
3. Latidos irregulares (palpitaciones).
4. Fatiga o cansancio inusuales.

Radón (Rn)

El radón es un gas radiactivo incoloro, inodoro e insípido. Se produce por desintegración radiactiva natural del uranio presente en suelos y rocas. El radón puede filtrarse en las viviendas y oficinas desde el suelo y pasar al aire, donde se desintegra y emite otras partículas radiactivas[16]. Es especialmente peligroso cuando se acumula en zonas mal ventiladas, como los sótanos.

Al respirar se inhalan esas partículas, que se depositan en las células que recubren las vías respiratorias, donde pueden dañar el ADN. Está considerado como la principal fuente de exposición a la radiación natural para los humanos.

16. WHO World Health Organization 2021. El radón y sus efectos en la salud. <https://www.who.int/es/news-room/fact-sheets/detail/radon-and-health>. Acceso: 19 febrero 2025.

Evaluación de la Calidad del Aire Interior

La forma de determinar la CAI de un espacio es llevando a cabo mediciones que evalúan la concentración de contaminantes nocivos para la salud. Hay numerosos sensores y tecnologías disponibles para evaluar la calidad del aire interior, en función de los contaminantes que se deseen medir.

La monitorización continua permite evaluar el grado de contaminación y el potencial de mejora de un espacio interior. Por ejemplo, la monitorización de concentraciones de CO_2 permite evaluar la eficacia del sistema de ventilación. El CO_2 como tal no es un contaminante, pero se utiliza como un indicador del nivel de actividad humana en los espacios.

La monitorización también permite crear un diagnóstico a largo plazo de los espacios considerando la implementación de purificadores de aire con filtros de alta eficiencia y adsorbentes para la reducción de contaminantes.

Partes por millón (ppm) es una unidad de medida con la que se mide la concentración que puede tener un contaminante en un espacio. Las ppm se refiere a la cantidad de unidades de una determinada sustancia (contaminante) que hay por cada millón de unidades del conjunto. Normalmente se refiere a los porcentajes en peso en el caso de los sólidos, y en volúmenes en el caso de gases. De esta forma, 2 ppm de CO_2 equivalen a 2 unidades de volumen de CO_2 por cada millón de unidades de volumen de aire, es decir 2 litros de CO_2 en un millón de litros de aire[17].

17. Solectro 2021. Sensores de calidad del aire. Parámetros, niveles y características. <https://solectroshop.com/es/blog/sensores-de-calidad-del-aire-parametros-niveles-y-caracteristicas>. Acceso: 20 febrero 2025.

Cuando la proporción del gas respecto al aire es menor aún, se utilizan las partes por billón (ppb). Al tratarse de billón, usando el ejemplo anterior, 2 ppb de CO_2 equivalen a 2 litros de CO_2 por cada mil millones de litros de aire.

La normativa española y europea utiliza el microgramo/metro cúbico ($\mu g/m^3$) como unidad para cuantificar la calidad del aire. El microgramo es la millonésima parte de un gramo, por tanto, dependiendo del gas contaminante y su habitual presencia el factor de la escala puede bajar. Por ejemplo, el monóxido de carbono (CO), es el único cuyos niveles de concentración se miden normalmente en miligramos/m^3.

A diferencia del aire exterior, el aire interior puede quedar retenido en los espacios y acumular diferentes contaminantes. Por ende, hay espacios donde es necesario tener un control de los niveles de calidad del aire, como son hospitales, centros de salud, centros educativos y guarderías, edificios de administración o museos.

Independientemente de la tecnología que utilicen y el ámbito de aplicación, los sensores de calidad del aire funcionan básicamente de la siguiente manera[18]:

1. Toman una pequeña muestra del aire.
2. Utilizan procesos físicos o químicos que detectan la presencia de contaminantes, y emiten una señal eléctrica.
3. Procesan y calibran la señal eléctrica mediante una serie de algoritmos para calcular la cantidad de partículas en el aire de compuestos específicos.
4. Guardan los resultados en la memoria interna del sensor, listos para su visualización, carga y análisis, o los envían a un sistema centralizado o a un dispositivo.

Una mayor calidad en un sensor significa que es más preciso al medir con exactitud la proporción de un gas o de partículas en el aire dentro de un determinado rango, además de contar con una alta resolución.

Los sensores de calidad del aire se pueden clasificar según su principio de funcionamiento, a continuación, algunos de los más comunes:

---

18. Verisure. ¿Qué es un sensor de calidad del aire? ¿Cómo funciona? <https://www.verisure.cl/blog/que-es-un-sensor-de-calidad-del-aire>. Acceso: 20 febrero 2025.

Sensores electroquímicos (EC)

Están basados en un elemento electroquímico semiconductor que genera un voltaje de salida proporcional a la concentración del gas o producto químico que se mide. Pero la precisión de la medición se ve afectada por la temperatura y humedad. Este tipo de sensor es el más utilizado para determinar la concentración de ppm de CO_2 y COV. Estos sensores suelen tener una función de autocalibración incorporada que proporciona una recalibración automática del sensor.

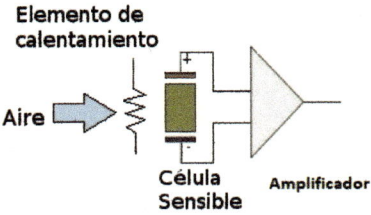

Figura 2. *Principio de funcionamiento de un sensor electroquímico. Imagen: Instituto NSB[19].*

Sensores ópticos (OPC)

Se utiliza para medir concentraciones de PM en el aire debido a su bajo costo y requisitos de energía y a los rápidos tiempos de respuesta. En estos tipos de sensores una fuente de luz ilumina las partículas, y luego la luz dispersa de las partículas se mide con un fotómetro. Para partículas con diámetros de más de 0,3 μm, la cantidad de luz dispersada es aproximadamente proporcional a su concentración de masa/número. Las partículas menores de 0,3 μm no dispersan suficiente luz y no pueden ser detectadas por este método.

Sensores infrarrojos no-dispersivos (NDIR)

Son empleados para detectar el CO en un ambiente gaseoso. Los componentes clave son una fuente infrarroja, un tubo de luz, un filtro de interferencia (longitud de onda) y un detector de infrarrojos. El gas se bombea a la cámara de la muestra, y la concentración de gas se mide electroópticamente por la absorción de una deter-

19. Newton C. Braga. Sensores de calidad del aire: cómo funcionan (ART2133S). Instituto NSB. <https://newtoncbraga.com.mx/articulos/13-medio-ambiente-y-salud/6834-sensores-de-calidad-del-aire-como-funcionan-art2133s>. Acceso: 19 febrero 2025.

minada longitud de onda en el infrarrojo (IR). La luz infrarroja se dirige cruzando la cámara de la muestra hacia el detector. El detector tiene un filtro óptico frente a él, que elimina toda la luz, salvo la longitud de onda que pueden absorben las moléculas del gas seleccionado.

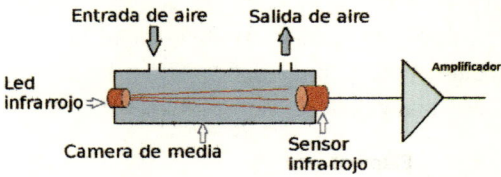

Figura 3. *Principio de funcionamiento de un sensor infrarrojo no-dispersivo. Imagen: Instituto NSB[20].*

Sensores electroacústicos

Se asemeja a la tecnología de los sensores infrarrojos, se utilizan para medir CO y CO_2, podemos medir la reflexión del ultrasonido en una cámara en la que ingresa el aire y tener una idea de su grado de contaminación.

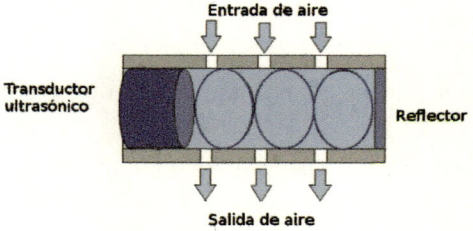

Figura 4. *Principio de funcionamiento de un sensor infrarrojo no-dispersivo. Imagen: Instituto NSB[21].*

20. Newton C. Braga. Sensores de calidad del aire: cómo funcionan (ART2133S). Instituto NSB. <https://newtoncbraga.com.mx/articulos/13-medio-ambiente-y-salud/6834-sensores-de-calidad-del-aire-como-funcionan-art2133s>. Acceso: 19 febrero 2025.
21. Ídem.

Estrategias para mejorar la Calidad del Aire Interior

La mejor manera de hacer frente a las emisiones en interiores es controlar o eliminar las fuentes de contaminantes o su infiltración y ventilar la vivienda con aire exterior limpio, aunque esto no siempre es posible debido a limitaciones como las condiciones meteorológicas o los contaminantes en el aire exterior[22]. Medir la CAI de los espacios es un primer paso, también es fundamental implementar estrategias y soluciones para mejorar la calidad del aire interior.

Algunas de estas pueden incluir:

- Ventilación eficiente: instalar sistemas de ventilación mecánica controlada que renueven el aire de forma continua, especialmente en espacios cerrados donde el aire puede quedar estancado.
- Control de la humedad: mantener la humedad en niveles adecuados puede ayudar a prevenir el crecimiento de moho y otros contaminantes biológicos que pueden ser perjudiciales para la salud.
- Selección de materiales de construcción y mobiliario: elegir materiales y muebles con bajo contenido de VOC puede ayudar a mejorar la calidad del aire interior.
- Mantenimiento regular: la limpieza regular y el mantenimiento de los sistemas de climatización y ventilación pueden prevenir la acumulación de contaminantes.

22. US EPA EPA 2018. Residential Air Cleaners. A Technical Summary (3rd Edition). <www.epa.gov/iaq>. Acceso: 19 febrero 2025.

- Uso de purificadores de aire: las tecnologías de filtración y limpieza del aire se utilizan para reducir la exposición a contaminantes en los edificios eliminándolos intencionadamente del aire, mejorando la calidad del aire interior y, en ocasiones, reduciendo la necesidad de ventilación del aire exterior[23]. En la Figura 7 y Figura 8 se muestra un resumen de las ventajas y desventajas de los diferentes tipos de sistemas de filtración de aire[24].

Filtración mecánica del aire	Radiación germicida ultravioleta (UVGI)	Filtros de aire con adsorbente
Ventajas: • Estudios informan de una reducción de las concentraciones de entre el 20% y el 80%. • Si la eficiencia es alta, pueden tener una excelente capacidad de eliminación.	Ventajas: • Pueden alcanzarse 90% de efectividad. • Puede ser eficaz a alta intensidad con un tiempo de contacto suficiente. • Puede usarse para inactivar microbios.	Ventajas: • Potencial de eliminación de muchos contaminantes gaseosos en el aire. • No se forman contaminates derivados.
Desventajas: • Es necesario sustituirlos periódicamente. • Los filtros usados pueden ser otra fuente de contaminación. • Las caídas de presión pueden afectar negativamente a la climatización.	Desventajas: • Puede generar ozono. • Posibilidad de lesiones oculares. • Gran consumo de energía eléctrica.	Desventajas: • Es necesario sustituirlos periódicamente. • Las altas caídas de presión en algunos filtros de medios absorbentes pueden afectar negativamente a la climatización.

Figura 5. *Ventajas y desventajas de purificadores de aire basados en la filtración mecánica, radiación germicida ultravioleta y la filtración de aire con adsorbentes[25].*

23. ASHRAE 2024. ASHRAE Position Document on Filtration and Air Cleaning. <https://www.ashrae.org/about/position-documents>. Acceso: 19 febrero 2025.
24. Robiel Manzueta, Prashant Kumar, Arturo H. Ariño, & César Martín-Gómez. 2024. Strategies to Reduce Air Pollution Emissions from Urban Residential Buildings. Science of The Total Environment 951 (Noviembre):175809. DOI: 10.1016/j.scitotenv.2024.175809.
25. Idem.

Oxidación Fotocatalítica (POC)	Purificadores de aire por plasma	Generadores de Ozono
Ventajas: • Puede reducir contaminantes gaseosos (aldehídos, aromáticos, olefinas, hidrocarburos halogenados). • Puede combinarse con medios adsorbentes para mejorar la eficacia.	Ventajas: • Tienen una alta eficiencia. • Se puede combinarse con otras estrategias para mejorar su eficacia.	Ventajas: • Reacciona con muchos gases de interior. • Puede combinarse con otras tecnologías menos nocivas, como los medios adsorbentes.
Desventajas: • Puede generar subproductos nocivos como formaldehído, acetaldehído y ozono. • Eficacia de eliminación a menudo relativamente baja para muchos gases de interior.	Desventajas: • Se forman subproductos, como partículas, ozono, formaldehído, monóxido de carbono, cloroformo, óxidos de nitrógeno y muchos otros gases orgánicos.	Desventajas: • Altos índices de generación de ozono. • Gran formación de subproductos. • Puede causar degradación a los materiales de interior.

Figura 6. *Ventajas y desventajas de purificadores de aire basados en la oxidación fotocatalítica, purificadores con plasma y los generadores de Ozono*[26].

26. Robiel Manzueta, Prashant Kumar, Arturo H. Ariño, & César Martín-Gómez. 2024. Strategies to Reduce Air Pollution Emissions from Urban Residential Buildings. Science of The Total Environment 951 (Noviembre):175809. DOI: 10.1016/j.scitotenv.2024.175809.

En conclusión, para reducir los riesgos a la salud que puede generar una Calidad del Aire Interior deficiente podemos iniciar aplicando las siguientes directrices.

1. Identificar y mitigar las fuentes de contaminación:
   - Aparatos de combustión.
   - Materiales de construcción y mobiliario.
   - Productos de limpieza del hogar.
   - Moho y hongos.
   - Diferentes maneras de cocinar.
   - Acumulación de polvo.
   - Contaminantes biológicos.

2. Mejora de la envolvente del edificio:
   - Sellado de ventanas y puertas.
   - Aislamiento del edificio.
   - Impermeabilización en techos y suelos (prevención contra el radón).
   - Identificación y reparación de fugas (evitar la recirculación de contaminantes).
   - Tratar los problemas de humedad.

3. Garantizar el uso adecuado de los sistemas de ventilación:
   - Ventilación adecuada de todos los espacios.
   - Filtración / purificadores de aire.
   - Calefacción / refrigeración.
   - Deshumidificadores.

Bibliografía

ASHRAE Handbook Volume (2024). HVAC Systems and Equipment, I-P. ISBN: 9781955516839.

Cabetas, A. (2001). DTIE 9.02. Relación entre el edificio y el sistema de climatización. ATECYR. ISBN: 8495010100.

Cheremisinoff, Nicholas P. (2022). Handbook of air pollution prevention and control. ISBN: 978-0123996350.

Fromme, Hermann (2023). Indoor air quality: occurrence and health effects of contaminants.

Harrison, R M (2019). Indoor air pollution. ISBN: 1-78801-617-3.

Kumar, Ashok (2010). Air Quality. ISBN: 953-51-5937-2.

Lenz, B. et al. Sustainable building services: principles, systems, concepts (2011). First edition, Munich: Architektur-Dokumentation GmbH & Company KG.

Martín-Gómez, C. et al. (2018). Instalaciones de acondicionamiento higrotérmico para arquitectos. Textos, imágenes y planos. Ediciones Universidad de Navarra, S.A. (EUNSA). ISBN 978-84-313-3224-2.

P. Pastor. DTIE 2.02. Calidad de aire interior. ATECYR: https://www.atecyr.org/publicaciones/es/dtie-digitales/46-dtie-202-calidad-del-aire-interior.html.

Ridgway, Robert M. (2022). Indoor air quality: control, health implications and challenges. ISBN: 9798886971347.

Saini, Jagriti (2022). Indoor Air Quality Assessment for Smart Environments. ISBN: 9781643682761.

Saini, J. et al. (2021). Internet of things for indoor air quality monitoring. ISBN: 3-030-82216-8.

Notas